Frank Ansula Kollien

Lebenslyrik

Kino 2

Es läuft im Kino nebenan
ein Stück aus Zauberland.
Dort setzt sich fort, was hier begann,
auf weißes Tuch gebannt.

Zwei Sessel sind seit langer Zeit
für uns schon vorbestellt.
Vielleicht spielt vorn die Wirklichkeit,
und hier ist Schattenwelt.

Die Wirklichkeit, das ist für mich
dein süßer Mund, dein Blick.
Der Traum wird wahr. Ich liebe dich
und finde nicht zurück.

Zwiespalt

Was ich mir wünsche:
Dass Dein Blick
nicht prüfend auf mir ruht,
sondern Wärme ausstrahlt
und Vertrauen.
Ein liebevoller Blick,
nicht abwägend.
Klar und entschlossen.

Was ich mir wünsche:
Dass Dein Herz
die Liebe neu entdeckt,
die Du mir einst schenktest,
und die ich stets
erwidert habe.
Nicht ahnend,
wie schnell es endet.

Was mich schmerzt:
Dass Dein Weg
an mir vorbeiführte.
Du nicht mit mir teiltest,
einem anderen vertrautest.
Und Dein Mann,
den Du bewusst erwähltest,
war wertlos für Dich.

Was mich schmerzt:
Die Erinnerung
an vertraute Gespräche,
an das Erwachen neben Dir,
an die liebe Hand,
die unter der Decke
vorm Einschlafen
meine Hand suchte.

Ich habe meine Frau verloren.
Ich habe meine Geliebte verloren.
Ich wünsche,
das der Schmerz sich wandelt
Ich wünsche,
dass ich einst verzeihen kann.

Sonett an das Leben

Quer durch bunte Wiesen streifen.
An der Blüten Duft berauschen.
Einer süßen Stimme lauschen.
Andachtsvoll zum Herzen greifen.

Hier und dort ein Mädchen lieben.
Weich im warmen Grase träumen.
Unter frisch begrünten Bäumen
Leid und Sorgen sacht verschieben.

Zwischen alten Tannen stehen.
Tief im feuchten Moos versinken.
Aus der kühlen Quelle trinken.
Pferde auf der Weide sehen.

Ruhen dann im stillen Garten.
Abends noch das Licht begleiten
und dem Mond entgegen streben.

Aufgelöst die Nacht erwarten.
Unter Sternen heimwärts schreiten.
Nun leb wohl, geliebtes Leben.

Sannyas

Zuerst habe ich die Farbe gewechselt,
zum Freudigen hin, zum lebensfroh Bunten.
Langsam wich die Schwere
und machte befreitem Lachen Platz

Später verließ ich den Schoß der Familie
Mit zögerndem Schritt und ängstlichem Tasten.
Nichts war jetzt mehr sicher.
Adieu, liebe Frau, ich bleibe dir fern.

Entfernt euch von mir, ihr geliebten Kinder.
So wie ihr euch löst, erlöst ihr auch mich.
Lasst den Vater sterben,
damit ihr den Freund in mir findet.

Ich habe gewählt und für mich entschieden
den Weg zu benutzen, der schilderlos bleibt.
Lachen, weinen, tanzen, schreien.
Die Grenze mit liebendem Herzen erreichen.

Lied an den Mond

Du, bleicher Mond, warst Zeuge dieser Stunde.
Doch silbriger war damals noch dein Glanz.
Es war ein Traum, geträumt an ihrem Munde,
ein kurzes Glück bei mitternächt'gem Tanz.

Heut ruht dein Licht auf dürren Birkenzweigen
und niemand weint mit mir um den Verlust.
Kein liebes Wort zerteilt des Waldes Schweigen,
kein zarter Arm umschließt die wunde Brust.

Verlass mich nicht, mein nächtlicher Begleiter,
denn sie ging fort, so bleibe du bei mir.
Gemeinsam ziehen wir und einsam weiter.
Geliebte Frau, mein Herz, es weilt bei dir.

Messias

Herr, sieh' diesen Mann,
so plantest Du Deine Geschöpfe,
von dieser Art sollten sie sein.
Verlass ihn nun nicht.

Oder hat ihn Prometheus geformt
und seinen ersten, den trotzigsten
Atem eingehaucht?
Dann, Herz, sei ohne Sorge,
sein Heros wird ihn beschützen.

Sendet doch tausend Krähen
ihn zu zerreißen
und Pfeil auf Pfeil, feucht noch vom Gift.
Spritzt geifernd Speichel
die Haut ihm zu ätzen.
Brennet, wütet.
Schlagt ihn ans Kreuz.

Tausendfach erzählte Legende
wie wahr bist du doch.
Elend und Größe,
nie endende Qual
auf dem Wege zum Licht.
Und die Bürde
trägt einer allein.

Frau Erde

Hier stehe ich
und möchte die Welt zerreißen
zwei ihrer größten Gebirge
in meinen Händen zerdrücken
und tief hinab tauchen
in den Marianengraben.

Erzittern soll
und beben die Oberfläche
und meine tastenden Finger
werden die Lava zum Schmelzen bringen
salzige Quellflüsse
aus den tiefsten Schluchten saugen.

Ich bin erschöpft
und werde hier liegen bleiben
zwischen Äquator und Südpol
pulsende Eruptionen erlauschen
voll träger Vorfreude
auf die nächste Kap Umrundung.

Normal

Was ist mit denen, die
nur ganz normale Menschen sind,
ohne die Gabe des Wortes,
ohne die Gnade der Hände?

Was ist mit denen, die
der Norm noch etwas näher sind,
ohne Verständnis des Wortes
und der Werke der Hände?

Vergesst auch bitte nicht
die Wenigen, die mit System
das Wort und die Werke zerstören
und dazu noch den Menschen.

USA

Über die Vereinigten Staaten von Nordamerika
rollten verschiedene Wellen.
Auf die
„Schlagt die Rothäute tot"-Welle
folgte die
„Hängt die Nigger auf"-Welle
und wurde dann abgelöst von der
„Befreit Europa vom faschistischen Joch"-Welle
die wiederum eine
Kommunisten-Hysterie-Welle auslöste
die bis Vietnam schwappte.
Gerade erlebten wir die
Porno-Welle
die aber, um die Sache abzurunden,
soeben von der
Gewaltverherrlichungs-Welle
überrollt wird.
Fehlt nur noch eine.
Die Letzte.
Die Sintflut.

Frau im Sozialismus

In diesem Raum voll schläfrig blickender Tänzer
zwei unschuldige Augen
die von Verrat nichts wissen
die keine Lüge trübt.

Hände, die dem System dienen
und auch den Menschen, die darin existieren
und nichts ahnen von alledem.

Wach nur das Herz
heftig klopfend ohne greifbaren Anlass.

Denn was soll sich ändern?

Am Anfang war das Wort

Geschrieben steht: Am Anfang war das Wort.
Das Wort – die Verkündigung.
Wie lautet sie?
Wer wagt, sich zu erinnern?
Das Gras der Zeit, es wuchert und verdeckt.

Und mit dem Wort kam Leben auf die Welt.
Das Leben –die Verpflichtung.
Vergessen das Wort,
vergessen die Verpflichtung,
der Auftrag, die Berechtigung des Seins.

Geschrieben steht: Am Anfang war das Nichts,
das Chaos, die Vergessenheit.
Und gnadenlos
schließt sich bereits der Weltlauf
zum Anfang und zum Ende weist das Wort.

Such doch die Quelle, such den Anbeginn.
Dein Heil – die Verheißung.
Das findest du nur
Im Frieden deiner Seele.
Und mächtig bricht und rein das Wort hervor.

Wie heißt das Wort, so nah uns und so klar.
Die Liebe – das Verzeihen
Wird allen zuteil
Die fähig sind zu lieben.
Sehnsucht und Hoffnung. Liebe heißt das Wort.

Nur Du

Über Dich
habe ich nachgedacht
oft muss ich denken
über Dich
an Dich

Warte nur
flüchtig und schemenhaft
doch tief empfunden
Sehnsucht nur
nach Dir

Über Dir
gibt es nur Ewigkeit
niemals zu ändern
Streben nur
zu Dir

Bleibe nur
immer unwandelbar
immer begreiflich
bleibe es
auch nicht

Über Dich
niemals mehr über Dich
nehmen und geben
geben Dir
sonst nichts

Du nur bist
Leben und Zuversicht
einfach nur leben
Leben nur
nur Du

Du allein
Du nur, nur Du allein
alles nur alles
alles nur
allein

Denke nur
denke wie Du es denkst
nichts kannst Du ändern
immer nur
nur Du

Über Dich
habe ich nachgedacht
lass Dir nur sagen
hörst Du es
nur Du

NINA

Nie geahnte Qualen der Eifersucht
In Deinen Armen war Linderung
Nur an Deinen Mund, an Deinen Leib gepresst
Atemlose, glückselige Erschöpfung

Im Schatten beklemmender Suche
Nach Recht und Unrecht
Am Vergangenen hängend, am Gewesenen
Nächtlich ohnmächtiger Zorn inbegriffen

Nehmend und gebend, Empfängnis und Schöpfung
Allmählich versank das Vergessen wollen
Nur Dir, Dir allein galten bald die Worte
Im Rausch geflüstert, und bekennend in
　　　Phasen der Ruhe

Als dann der Tag nahte, der mich bereit sah zur Flucht
Neigte sich Dein Gefühl dem Abend entgegen
Im Wechsel der Regungen, in zeitlicher Verschiebung
Nacht senkte sich über den Garten der Liebe

Nun hat Dein viertes Leben begonnen
Indem Du mich fliehst, Deiner Bestimmung entgegen
Noch leise schwankend. Fahrt ins Ungewisse
Anfang und Ende. Willkomm und Abschied auf ewig

Herbst

Leise weht ein Todesahnen
durch die Blätter, um die Zweige.
Erste kühle Winde mahnen:
Wald, dein Leben geht zur Neige.

Schönheit war von kurzer Dauer.
Vögel singen Abschiedslieder.
Feierlich, in stiller Trauer,
sinkt das Laub zur Erde nieder.

Einen Faden dem Herz

Ferne, wankende Gestalten.
Zwielicht im Vorüberziehen.
Augen, die bereits erkalten.
Stimmen vor dem Nordwind fliehen.
An den Schultern dünne Fäden.
Wer besitzt die starke Hand,
die sie hält? Nur irres Reden!
Leeres Hirn, den Mund voll Sand.

Stein tropft von den schwarzen Wänden.
Tückisch lauert Kerberos.
Sonnen ihren Lauf beenden.
Dunkel zittert noch der Kuss.
Von dort hinten kam das Schweigen!
Warum teilt sich jetzt das Meer?
Komm, lass dir die Stelle zeigen!
Fels weint sich die Augen leer.

Dieses ruhelose Streben!
Ewig fragen: Welchen Sinn?
Lass ihn doch zu Ende weben!
Einmal kommst du selber hin.
Feuer lebt von Überresten,
Flammen wissen um den Schmerz.
Stöhnt der Wind dort in den Ästen?
Einen Faden auch dem Herz.

Abschied

Nicht länger mehr warten
die schnaubenden Pferde.
Den Morgen gebärt schon
die dampfende Erde.
Es ist an der Zeit!

Die Zügel gelockert,
dem Sturmwind entgegen!
Er wird dich begleiten
auf einsamen Wegen.
Jetzt halt dich bereit!

Entfesselte Hufe
den Jahren enteilen.
Es funkelt die Träne,
du darfst nicht verweilen.
Nun ist es soweit.

Der Fluss

Aus des Berges dunkler Enge
springt es sprudelnd, klar und hell.
Schmale Schluchten, steile Hänge
nässt der frischgeborene Quell.

Wachsend strebt er in die Breite.
Da, auf göttlichen Beschluss,
zögernd, von der rechten Seite,
naht sich ihm ein zweiter Fluss.

Doch schon mischen sich die Fluten,
und nach einer kurzen Zeit,
nach erregenden Minuten,
heißt es dann: Es ist soweit!

Sich dem Meere zu ergeben,
wälzt der Strom sich still heran.
Hier beendet er sein Leben,
wo das Leben einst begann.

Arche Noah 3000

Lieblich leuchtend in der Ferne
lockt des Mondes Silberglanz.
Dort, im Urbereich der Sterne,
spielt man auf zum nächsten Tanz.

Schon hebt ein gewaltig' Dröhnen
Eisenleiber in den Raum.
Tiere brüllen, Menschen stöhnen.
Brennend bleibt der letzte Baum.

Unter nie gekannten Schmerzen
scheiden sie vom lieben Land.
Ängstend greift nach jedem Herzen
jene unbekannte Hand.

Niemand wagt den Blick zu heben
trostlos in die Dunkelheit.
Nur ein kleiner Tropfen Leben
wandert durch die Ewigkeit.

Allein

Kein Wind fächelt Staub durch die Gassen.
Kein Laut dringt von außen herein.
Wo sind denn die schreienden Massen?
Ließ man mich vollkommen allein?

Auch spreizt schon die Nacht das Gefieder
und schüttelt ihr schwarzes Gewand.
Sie schließt meine zuckenden Lider
mit dunkler, behutsamer Hand.

Für Stunden nun bin ich verloren
im weiten, unendlichen Raum.
Als Geist, doch von Menschen geboren,
verließ ich die Erde im Traum.

Auch hier gibt es hängende Gärten
und Brücken aus Eisen und Stein,
geschaffen nach zeitlosen Werten.
Auch hier sind die Menschen allein.

Die Kerze

Nicht wie der Mensch,
der diese Welt zu früh betritt,
lässt ihren Stern sie strahlen.
Groß, stark, in fester Form
beginnt ihr Leben.

Das Feuer schenkt
allein ihr Kraft und Daseinsrecht,
und wird sie auch verzehren.
Halt ein! Ihr blasses Kleid
zerfließt in Tränen.

Doch sieh' den Schein,
wie er sich sanft im Nichts verliert,
wie er das Auge fesselt.
Klein, schwach, der Tod ist nah.
Nun wird es dunkel.

Manchmal steht die Welt in Flammen

Manchmal steht die Welt in Flammen,
angefacht aus Überdruss.
Doch es darf nur der verdammen,
der, für den man beten muss.

Schleichend nähert sich Verderben,
frisst Gewässer, Strauch und Baum.
Vögel stürzen, Fische sterben.
Worte bleiben, Werte kaum.

Nichts ist einzig, nichts vollendet.
Alles pulst im Strom der Zeit.
Abgewertet, dumpf, verblendet.
Zukunft ist Vergangenheit.

Glimmt vielleicht am Weltenende
hoffnungsvoller Neubeginn?
Weisen nicht Millionen Hände,
voller Zuversicht dorthin?

Sucht nur, sucht! Wie wollt ihr finden,
wenn ihr, statt zu lernen lehrt,
Schwächere zu überwinden?
Statt zu lieben nur begehrt?

Manchmal steht die Welt in Flammen,
angefacht aus Überdruss.
Doch es darf nur der verdammen,
der, für den man beten muss.

Abendgebet

Lieber Gott, lass Abend werden
über uns'rer kleinen Welt.
Decke Tier- und Menschenherden
zu mit DEINEM Sternenzelt.

Diesen Tag lass schnell vergehen,
alles liegt in DEINER Hand.
Sorg dafür, dass unbesehen
Fleisch zu Staub wird, Stein zu Sand.

Straf die Bösen und die Guten,
weil das Böse übrigblieb.
Lass wie DEINEN Sohn sie bluten.
DU hast sie ja doch nicht lieb.

Wisch den kleinen braunen Flecken
Erde weg von DEINEM Hemd,
diese Welt voll Not und Schrecken
war DIR von Geburt an fremd.

Hilf, dass wir im Nichts vergehen -
letztes Zeichen DEINER Huld.
So, als wäre nichts geschehen.
Und vergib uns uns're Schuld.

Nachtgesang

Fern vom Dorf klingt leises Lachen
eine Geige spielt zur Nacht
braun zerlaufen schlanke Furchen
schwarz der Hund den Hof bewacht.

Träger Kahn mit Heu beladen
sanft vom Fluss aufs Land geschwemmt
im Gebälk der Kirche droben
wiegt der Wind ein Leinenhemd.

Angst keimt auf schwillt unbegreiflich
Zwietracht sät der Nonnen Chor
auf der Treppe vor dem Kloster
liegt ein abgeschnittenes Ohr.

Finger zaubern Schlussakkorde
quälend langsam Ton auf Ton
ohne Hoffnung ohne Ende
auf dem Berg stirbt Gottes Sohn.

Seelenheil und Seelenfrieden
Krieg und Elend Not und Tod
morgen wenn die Ähren reifen
schälen wir das graue Brot.

Zornig

Gern hätt' ich eine frohere Natur,
ein glücklich Lächeln um die Augen nur.
Manch gutes Wort dem Nachbarn nebenan.
Gar nett und freundlich gegen jedermann.

Gern wäre ich gesellig, amüsant.
Mein Witz begeistert alle ringsumher.
Die Frau Direktor fände mich charmant.
Doch leider fließt mein Blut erschreckend schwer.

Mein Hass gehört den "Lieb – ich freu' mich – fein!",
dem Lachen ohne Falten im Gesicht,
der Dummheit, dem "was kann denn das schon sein!",
den Herzen, die kein Leid der Welt zerbricht.

Ich hasse den, der Recht behalten muss
und neue Fehler auf die alten häuft.
Die Armut dort, und hier der Überfluss.
Ich hasse alles, was im Kreise läuft.

Elisabeth

Mädchen du,
bewegst meine Sinne,
fliegend über den Tälern deiner Heimat.
Und was ich beginne
endet in dir.

Flüchtig nur
das Glück dieser Stunde.
Morgen trage ich im Herzen leises Sehnen
nach zärtlichem Munde
traurig davon.

Mädchen du,
erregst meine Sinne.
Dunkel schimmern die Spiegel deiner Augen.
Und was ich gewinne
endet mit dir.

Anne

Mädchen du
mit sanften braunen Augen
und Haaren
wie ein Teppich aus Samt
hast mich verzaubert

Lächelst du
dann geht dein Blick nach Innen
und leise
wie vom Windhauch berührt
klingt eine Saite

Fühl' mich schon
sacht zu dir hingezogen
und möchte
die Gedanken an dich
ewig bewahren

Grenzland

Durch gedrängte Landschaften
gleitet der Zug.
Knappe Schönheiten tauschend
gegen zersiedelte Öde.

Borkige Weiden, unbeschnitten
säumen die Ufer des Baches.
Menschenleere Wiesen verbindet
sein tröstender Lauf.

Ein erstes Haus dann, grau bröckelnd,
verwächst mit der Siedlung.
Bedeckt vom würgenden Kunstschnee
der nahen Zementfabrik.

Schon dehnt sich die Brust.
Der düstere Wald scheint unendlich.
Ausatmend zerbricht alle Hoffnung
am Drahtzaun, wachturmbewehrt.

Wärst du jetzt bei mir, Geliebte,
wir könnten uns freuen
an Bäumen und Wiesen
und gemeinsam trauern
über die Zeichen des Verfalls.

Eine Nacht lang

Eine Nacht lang
sind wir am Meer gewesen
und haben unheimlich tief
ins Leben gegriffen

eine Nacht lang
lauschten wir dem Flügelschlag
des schwarzen Vogels
und ergaben uns seinem Werben

eine Nacht lang
umhüllte die Welt sich
mit einem weißen Leichentuch
als wir uns liebten

und ich spürte deinen Atem
in den leichten Schlaf hinein
und deine Haut umhüllte mich
mit sanfter Unruhe

Blauauge Schönhaar
ich küsse dich rasend
deinen Mund, deinen Bauch
deinen süßen Teppich
aus weichem Moos

eine Nacht lang
ein Leben lang
lang wie ein Augenblick
und schöner
als manches Leben

Gabi

Immer
wenn ich die Augen schließe
sehe ich deutlich
dein Gesicht

Leise
gleiten meine Hände
über deine Augen
deinen Mund

Dann
gehst du davon
und dein Atem
bleibt bei mir

Am See

Komm mit, an den Rand des dunklen Sees.
Schon längst haben die Berge im Eis
ihrer Gipfel die Sonne eingefroren,
damit sie frisch bleibt für den nächsten Tag.

Weit hinten flimmern Lichter aus der Nacht.
Dorthin wollen wir morgen wandern,
zu dem verlassenen Fischerdorf. Komm mit,
Wassermanns Töchter zünden Kerzen an.

Komm mit zum Strand der bunten Boote
die niemals mehr zum Fang hinaus fahren.
Dort will ich deine nasse Haut durchdringen
und warten bis die letzte Woge kommt

Bernsteinauge

Vor unserem Fenster
vermischte sich Salzluft
mit dem Rauschen der Dünung
als ich erwachte
lachte ein Bernsteinauge
über den Kissenrand

allein für diesen Blick
diesen einen
liebte ich dich
beim Erwachen

Traumhaus

Wenn der Schlaf
am tiefsten ist
führt mich ein Traum
in das Haus des Lebens.
Es ist jedesmal
ein anderes Gebäude.

Tief in die Erde gesenkt,
von düsteren Gängen durchzogen,
fensterlos und doch
gefüllt mit milchigem Licht.

Bis zu den Wolken getürmt,
von Säulen getragene Hallen,
hell und klar wie Glas,
vertraut und drohend zugleich.

Manchmal ist es
eine zerbombte Ruine,
bedeckt vom Staub,
den tausend Leben sammeln.
Unter den Quadern modrige
Zimmer.
In jedem brennt eine Kerze.

Manchmal ist es
ein ganz normales Mietshaus.
mit unzähligen Wohnungen,
und Zimmern,
und Fluren,
und Kammern,
bewohnt von Erinnerungen.

Vertraute Gerüche,
die Stimme eines längst Verstorbenen.
Gesichter und Gestalten,
die Wärme eines Körpers,
Mutter oder Geliebte?
Kinderlachen.
Eine Greisenhand winkt Abschied.

Woher kenne ich diese Tür
mit den bunten Scheiben
und dem Briefschlitz aus Messing?
Wird es sein, wie es war,
wenn ich sie öffne?

Es ist jedesmal
ein anderes Gebäude.
Doch tief im Inneren,
geheimnisvoll und verzaubert,
in warmer Geborgenheit
empfängst Du mich lächelnd,
wenn der Schlaf endet.

Lass mich los

lass mich endlich los
fallen will ich dem raum zu
den du erschaffen und eingerichtet
ausgestattet mit erlesenen köstlichkeiten

tief ist er und dunkel
nur tastend erfahre ich seinen sinn
und all die werte
aus gedichten und biografien
zusammengelesen
erweisen sich als ungelebt

oder liegt es am architekten
der lügen wie steine schichtet
schwüre zu säulen erhebt
und schreie verkleidet
mit bronzenen gittern

noch spüre ich kraft
nicht völlig zerstört
ist mein wille zum sein
du hast es nicht ganz vollbracht
denn ich lebe

Elsa

Als mir dein Blick begegnete,
dunkel und ernsthaft,
sah ich in endlose Tiefen
und erkannte dich.

Deine Sprache klingt wunderschön,
doch ich verstehe sie nicht.
In deinen Bildern bist du,
die kann ich lesen.

In deinen Augen bist du
und in deinen Bewegungen.
Die las ich und spüre
seitdem leise Trauer.

Sangit

Musik
bedeutet dein Name
und wenn ich ihn denke
schwingt eine Saite.
Dann fühle ich dich
Sangit.

Zuerst
erklang deine Stimme
wie Wasser so dunkel
stark und erregend.
Ich höre dich jetzt.
Lausche.

Von fern
sah ich deine Augen
durch Schleier von Tränen.
In meine Trauer
drang sanft braunes Licht.
Stille.

Und jetzt
nimmst du mir den Atem.
Du süße Geliebte.
Lied aus der Ferne.
Komm näher, komm ganz.
Schöne.

Musik
bedeutet dein Name.
In dieser Sekunde
schwebend zur Kuppel
löst Ton sich auf Ton.
Sangit.

Deine Stimme am Telefon

Deine Stimme am Telefon
und Händels Messias
nachvollziehend den ewigen Leidensweg
des wahren Menschen.
Tief wurzelt der Glaube
an die Macht der Liebe zum Nächsten.
Und doch
der Nächste liebt nur sich selber.

Deine Stimme am Telefon
und Trakls Gedichte
hell erleuchtend den Anfang der Dunkelheit
hoffnungsvoll suchend
nach glimmenden Resten
um verzehrende Flammen zu zeugen.
Und doch
der Atem erstickt in der Seele.

Deine Stimme am Telefon
und Friedrichs Gemälde
machtvoll treibend im düsteren Lebensstrom.
Fragen auf Fragen
voll Ahnung und Wissen
um die Nähe des Scheiterns der Hoffnung.
Und doch
lebt jeglicher Anfang vom Ende.

Claudia

Schöne Frau,
ich liebe Deine Seele,
die so zart ist wie eine Kirschblüte.
Schöne Frau,
ich liebe Dein großes Herz,
so voller Mitgefühl und Freude.
Schöne Frau,
ich liebe Deinen Körper,
so lustvoll und erregend.

Geliebte,
immer möchte ich die Welle sein,
die den Strand benetzt
in tausend Variationen,
zärtlich zerfließen, befeuchten, versinken,.
ekstatisch ergießen, überrollen, umschlingen.
Eins sein mit Dir,
und doch Wasser und Erde.

Dankbar

Nun liegt der Augenblick in weiter Ferne
da Amor Dich in meine Nähe führte
und ich das Keimen süßer Ahnung spürte,
verborgen noch im Lauf der ewigen Sterne.

Lang war der Weg zum Wissen, zum Begreifen.
Noch schmerzten alte, kaum verheilte Wunden.
Wir haben unbeirrt das Ziel gefunden
und – langsam nur – begann die Frucht zu reifen.

Wo Körper, Geist und Herz zusammenfließen
kann wahre Liebe machtvoll sich entfalten,
und wird in Ewigkeiten nicht erkalten.
Wir wollen dankbar jeden Tag genießen

und niemals an Vergängliches uns binden.
Das Hier und Jetzt stets als Geschenk empfinden,
bei jeder Blüte andachtsvoll verweilen.

Komm, lass uns tanzend durch die Zeiten schweben,
den Augenblick als höchsten Wert erleben
und alle Schönheit miteinander teilen.

Beginn und Ende

Als ich Deine Lippen berührte,
brach machtvoll das Verborgene hervor,
noch nicht Gelebtes,
ahnungsvoll gehegt,
nun strömt es lachend
aus Deinen Augen.

Als Du auf mein Knie sprangst,
spät abends mitten im Café,
und Deine Arme
mein Herz umschlangen,
war es mir egal,
dass der Ober zusah.

Und nun, bei jeder Begegnung,
berührt mich Deine Schönheit,
Dein süßes Gesicht,
Dein großes Herz,
Dein unschuldiges Wesen,
kindlich und reif.

Lass uns weiter fliegen,
die Wolken streicheln,
und sehen,
was wichtig ist.

Lass uns dem Feuer
Nahrung geben,
lass uns Hitze entfachen,
damit Wärme bleibt.

Jedesmal.
Denn am Ende
Steht der Beginn.

Der Engel

Ein Engel stieg zu mir herab.
Einst. In bewegter Zeit.
Sie trug ein prachtvoll Flügelpaar
und ein weiß-golden Kleid.

Sie streichelt meine Hände sacht
Und manches andere Ding.
Erst schenkt' ich ihr ein Kindelein,
dann einen goldenen Ring.

Bald warf sie ihre Flügel ab.
Zog enge Hosen an.
Auch ich verlor den Götterrang
und ward ein Ehemann.

Manch Wesenszug erschien mir fremd.
Zu irdisch. Zu normal.
Die Himmelsstraße, sonst recht breit,
zeigt sich bedenklich schmal.

Ein Hauch von Engel dann und wann.
Ein sanfter Flügelschlag.
Gleich zucken Blitze vom Olymp.
Gar lieblich brennt der Tag.

Sie legt die engen Hosen ab,
das Hemdchen gleich dazu.
Da schwelgt mein Herz im Überschwang.
Nun hat die Seele Ruh'.

Neugeburt

Wenn ich an meine Kindheit denke
regnet es draußen dünne Schleier.
Ich fühle mich einsam, voller Unruhe,
und möchte weinen.

Wenn sich die ersten Blüten öffnen,
wären sie lieber Knospen geblieben.
Zurück in die Wärme, die süße Stille
unter der Rinde.

Erst wenn die kalten Laken schmelzen
kann ich die Fäden selber führen.
Befreit vom Ballast der Zeiten.
Und bin geboren.

Deepam

Ich sehe dich
im Regen vor dem Haus.
Es war nicht das erste Mal.

Aus deinen Augen
flutete vertraute Wärme.
Geliebte aus tausend Leben.

Wie oft noch
dürfen wir uns begegnen
zwischen den Zeiten?

Und wenn wir
den letzten Kuss teilen
werden wir Eins sein.

Indische Weihnacht

Um Mitternacht
hörten meine Füße auf
Muster auf die Tanzfläche zu zeichnen.
Der Körper sprang aus den Schienen
und überschlug sich lachend.
Paint it black.

Als die Stille kam
und die letzten Klangfetzen trank,
gab ich dir deinen Atem zurück.
Bright eyes.
Doch deine Hand war da,
leise und warm und süß.

Feuer am Fluss.
Wasser wie vergossene Tinte.
Und – ganz sacht
dringt Licht aus den Rändern der Welt,
malt Schatten in dein Gesicht,
das ich zu lieben beginne.

Meera

Meera, du Schöne
mit dem wissenden Blick.
Wenn du allein warst – still sitzend –
erkannte ich deine Tiefe
am deutlichsten.
Und in diesem Moment
schlug mein Herz schneller.

Wenn ich jetzt gehe
bleibt etwas Trauer zurück.
Doch was bedeutet Entfernung?
Dein Lächeln, deine freundliche Mahnung
Come on – let go
bleibt mir ewig vertraut.
Und wird mich wärmen.

Malen

Am Anfang war der Traum
der alles schuf, was später sichtbar wurde.
Saugende, gierige Vereinigung
von Farben, Formen und Symbolen.
Erschreckend schöne Symphonie der Sinne.
Der erste Tag der Welt.

Ein stilles Blatt Papier.
Noch unberührt – die Fülle gegenüber.
Wer öffnet jetzt die Tür zu diesem Raum
und lässt die alten Wunden überfließen?
Wer hilft, die Leere dann erneut zu füllen
und zeigt den Weg zum Licht?

Ich brauche deine Hand
und spüre deine grenzenlose Liebe.
Nun bricht der Damm, und endlich quillt hervor
das fremde Gift, die nie geweinten Tränen.
Jetzt darf die kindlich zarte Pflanze wachsen.
Ich weiß, jetzt lächelst du.

Da ist der erste Schrei –
ein rotes Loch mit schmalen grünen Rändern.
Ein blauer Blitz aus hassgeschwärzten Augen,
und gelbe Zähne fressen mein Vertrauen.
Der goldene Stern dort, ungewisses Ahnen
von ferner Leidenschaft.

Am Ende war das Bild.
Geformt aus nächtlich süßen Flötenklängen,
erlebt im Tanz nach wilden Trommelrhythmen,
erhitzt am Feuer und im Dampf geboren.
Wir haben deinen Duft geatmet, Wunderblume,
und letztlich dich gemalt.

Du bist zurück

Etwas Zartes geschieht
und mein Herz zerspringt
vor Kummer und Freude.
Du bist wieder da.

Ich habe die Fesseln gelöst
unter Schmerzen.
Denn meine Liebe ist größer
als jegliche Angst.

Warum sollte ich leiden?
Zeigst Du Dich doch.
Und möchtest lieben
und geliebt sein.

Ich habe Dich gewählt
für mehr als dieses Leben.
Die Blume soll blühen
über den Tod hinaus.

So werden wir wandern
unsere Straße, wie es
geschrieben steht.
Du bist so schön wie nie.

Ein Gebet

An wen soll ich mich wenden
und womit?
Einem Gebet?

So bitte ich Euch denn,
ihr großen Meister,
gebt mir Stärke,
alle seelische Pein zu überstehen,
mir selbst treu zu bleiben.
Haltet mich auf dem Weg.

Ich bitte Dich. Gott,
beschütze meine Frau
und meine Kinder.

Lege Deine schützende Hand
über Vater, Mutter, Schwester,
Bruder, Enkel.
Auch die Verstorbenen
sind in uns und um uns.

Hilf mir denen zu verzeihen,
die mir Schmerz bereiten.
Und lass mein Herz
die Liebe nicht vergessen.

Hilf den Unbewussten.
Denn sie wissen nicht
was sie tun.

Verwundet

Sei ruhig, mein Herz, bleib ruhig in deiner Bahn.
In meiner Brust sollst du noch etwas wohnen.
Noch ist die schwere Arbeit nicht getan,
Ich weiß, es wird sich für uns beide lohnen.

Und ist er da, und kommt einst der Moment,
will ich dir die verdiente Ruhe geben.
Wenn uns der Tod für Ewigkeiten trennt.
Doch bis dahin verbleibt ein wenig Leben

Für Dich

Du gehörst mir nicht.
Du gehörst nicht zu mir.
Entscheide frei.

Möglich, dass alles endet.
Möglich, dass Neues entsteht:

Reife,
erwachsen aus dem Erkennen
des Unabwendbaren.
Frei von Resignation,
frei von Angst
und Verzweiflung.

Liebe,
die den Körper
mit Wärme füllt.
Die mehr gibt, als sie nimmt.
Die nicht nach Ausgleich trachtet
Und doch sich sehnt
Nach innigster Umarmung.

Sieh hin,
auch ich gehöre niemandem.
Auch ich bin frei,
bin fähig,
mein Herz zu befragen,
seinen Kummer zu fühlen,
das Gift des Zornes
von ihm fernzuhalten.

Bin fähig,
deinen Schmerz zu sehen,
deine Zweifel,
deine Sehnsucht.
Und möchte all diesem
mit Liebe begegnen.

Nachts

Um Mitternacht
hab ich Dich angerufen.
Du schliefst bereits,
und das war sicher gut.

Mein Herz quoll über von
der Energie des Tages.
Vom wilden Tanz,
vom Wein und der Musik.

Ich wollte Dir
von meiner Liebe reden,
von Freude, Schmerz,
von Hoffnung und Verlust.

Von allem, was ich mit
Dir teilen kann.
Doch es war Nacht,
und mit Dir schlief die Welt.

Sonett an die Freiheit

Ich lebe jetzt, mit vollen Herzenskräften,
mit wachen Sinnen, die nach außen streben,
nie wieder sich an fremden Willen heften
und mir das Recht auf Selbstbestimmung geben.

Auf keinen Reichtum werde ich verzichten
der meinen Weg verheißungsvoll begleitet.
Will meinen Blick auf Wesentliches richten
und fallen lassen, was mir Pein bereitet.

Ich werde endlich meinen Wert erkennen
und bunte Blumen in den Garten pflanzen.
Kostbares hüten, und den Rest verbrennen.
Die letzten Jahre lachen, lieben, tanzen.

Verbotenes, Verrücktes will ich wagen,
die Folgen meines Handelns gerne tragen,
kein Wasser in den Wein des Lebens gießen.

Mit lieben Menschen Schmerz und Freude teilen,
bei jeder Schönheit andachtsvoll verweilen
und dankbar das Geschenk des Seins genießen.

Am Morgen

Du gehst, und ein Hauch Leere bleibt.
Ich schaue Dir nach, Du spürst es nicht.

Langsam füllt sich der Tag, wie jeder davor.
Wie gerne würd' ich mich freuen

und preisen das Geschenk der Freiheit.
Doch wo ist Dein Blick beim Erwachen?

Die Zeit ist da

Es ist die Zeit
da sich das Dunkel lichtet
und Frieden einkehrt.

Es ist die Zeit
da sacht die Blätter fallen
vom Baum des Lebens.

Es ist die Zeit
da Sorgen schwächer werden
und die Erkenntnis wächst:
Ich bin allein.

Es ist die Zeit
der stillen Vorbereitung
auf Kommendes.
Das letzte Abendrot.

Es bleibt die Sehnsucht
nach erfüllter Hoffnung.
Nach Ruhe dann.
Die Zeit ist da.

Gebet

Höheres Wesen – wer auch immer Du sein magst,
gib mir die Kraft,
diese schwierige Phase meines Lebens
in Würde zu bestehen.

Erhalte mir die Liebe zu meiner Frau,
die mich verletzt hat,
und verleihe mir Verständnis für ihren Weg.
Verurteile mich nicht für meinen Zorn,
meine Enttäuschung, meine Bitterkeit,
die mein Innerstes vergiften könnten.

Und ich bitte Dich,
lass sie zu mir zurückfinden, in aller Freiheit.
Mit Herz, Leib und Seele.
Doch wenn ihr ein anderer Weg
vorgeschrieben ist,
möchte ich eigene Wege gehen,
mein Schicksal nicht mehr betrauern,
eine Chance zur Erneuerung finden.

Wie oft schon musste ich leiden
und loslassen,
und immer wieder
kehrte die Lebensfreude zurück
an der Seite
einer geliebten Frau.

Behüte mein Kind, ich bitte Dich.
Diese wundervolle Seele,
voller Liebe und Unschuld.
Gib ihm Kraft, mit diesen Eigenschaften zu
überleben
und nicht an der Ignoranz
der Menschen zu zerbrechen.
Stelle ihr gute Mächte zur Seite, die sie leiten
und beschützen,
wenn ich es nicht mehr kann.

Hilf, dass erloschene Feuer
erneut zu entzünden
durch die Wärme des Herzens.
Lass Vertrauen entstehen und wecke
das Bewusstsein um den Wert
aufrichtiger Liebe.

Nataraj

Du wurdest mir gesandt in dunkler Stunde,
und brachtest Licht in die zerstörte Welt.
Mein Herz war eine tiefe, rote Wunde.
Dasselbe Herz, das Deine Hand nun hält.

So darf es friedvoll in die Zukunft schauen.
Es öffnet sich, und ist für Dich bereit,
mit Dir zu sein, getragen von Vertrauen,
von Liebe und von süßer Zärtlichkeit.

Du hast den Glauben mir zurückgegeben
an hohe Werte, die unsterblich sind.
Wir spüren beide, dass ein neues Leben
und eine Zeit der Zuversicht beginnt.

Ich möchte täglich Dir vor Augen führen,
wie liebenswert, wie wunderschön Du bist,
dass uns're Hände sich auch dann berühren,
wenn einst der letzte Tag gekommen ist.

Liebe

Wenn Flüsse sich zu einem Strom verbinden,
dann wartet schon das endlos weite Meer.
Es löst ihn auf, und die Konturen schwinden.
Ein sanftes Sterben, ohne Wiederkehr.

Doch seine Energie kann nicht vergehen.
Sie lebt, sie wirkt, sie fängt zu atmen an.
Du kannst es fühlen und du kannst es sehen.
Endlose Liebe füllt den Ozean.

Sie füllt die Herzen, lässt sie überfließen,
schließt alte Wunden, mildert fernes Leid.
Wo Disteln wuchsen, werden Rosen sprießen.
Vertrauen wächst, und gibt uns Sicherheit.

Wir fließen mit, wir haben uns gefunden
und nutzen dankbar das Geschenk der Zeit.
Wir sind Im tiefsten Inneren verbunden,
und bleiben es, für alle Ewigkeit.

Noch immer ....

Noch immer
taumelt das weiße Leinenhemd
im Abendwind.
Verzweifelte Vögel mit flatterndem Flügelschlag
eilen herbei
es zu trocknen.

Noch immer
versucht der große schwarze Vogel
vergeblich
die dunkle Seite des Mondes zu erreichen.
Klagende Schreie.
Augen wie Tinte.

Noch immer
tropft Gestein von den Wänden
und bildet
bizarre Figuren, die zum Leben erwachen.
Ratlose Blicke.
Wege ins Nichts.

Noch immer
Gelingt es dem dreiköpfigen Hund
Die Stille
der Nacht zu zerstören. Von Ferne
versucht eine Geige
Herzen zu öffnen.

Noch immer
fließen Tränen ins ewige Meer.
Nicht ahnend
ob Freude sie rief, oder Trauer.
Komm, schwarzer Vogel,
zeig mir den Himmel.

Liebestanz

Wie strebt mein Herz Dir liebevoll entgegen,
wenn wir uns tanzend durch den Raum bewegen,
des Lebens Klang im ganzen Körper spüren,
und uns in zarter Dankbarkeit berühren.

Wo Licht und Schatten fließend sich vereinen
wird alles Sein in stillem Glanz erscheinen.
So rein, so klar, so freudig tief empfunden
So hoch, so weit, so grenzenlos verbunden.

Nataraj

In Dir
Ist alles vereint.
Dionysisches Gelächter,
forschender Ernst.
Immer authentisch.

Du bist
die reine Natur.
Aphrodite und Athene.
Weise und schön.
Immer verzeihend.

Aus Dir
spricht klarer Verstand.
Kinderherz und Große Mutter
Wege zum Ziel
leuchten vor Liebe.

Mit Dir
Kommt Licht in die Welt
Kerzenschein und Funkenregen.
Blüte im Wind,
tief im Vertrauen.

Ehrungen

70. Geburtstag

Ein Hauch Magie wird heute Dich umschweben.
Die Sieben wirkt mit zauberischer Kraft,
Denn 70 Jahre währt bisher Dein Leben
Somit hast Du zwei Drittel knapp geschafft.

Die alte Welt erschuf der Wunder sieben.
Das siebte Geißlein ließ der Wolf in Ruh'.
Schneewittchen durfte sieben Zwerge lieben.
Der Neuzeit siebtes Wunder - das bist Du.

Die ander'n sechs, die wollen wir vergessen.
Heut achtet alle Welt auf Dich allein.
Am Durchschnitt der Bevölkerung gemessen
musst Du ein sehr spezielles Wesen sein.

So ist es auch, wer immer dir begegnet,
der spürt Dein Herz und Deine Freundlichkeit.
Du bist mit Charme, Geist und Humor gesegnet,
Ein Freund fürs Leben, treu und hilfsbereit.

Ab 70 darf man gern die Treue halten.
Die alte Glut kühlt ab um sieben Grad.
Wo in der Jugend rohe Kräfte walten
da zeigt sich jetzt der tugendhafte Pfad.

Es ist bekannt, dem schönsten der Geschlechter
bist Du mit ganzem Herzen zugetan.
Doch tröstet euch, ihr frommen Tugendwächter:
Wen er auch traf, er tat ihr Gutes an.

Gib acht, dass Deine Sehnsucht nicht versandet.
Ermüde nicht im trägen Zeitenlauf.
Wer einst bequem im Ohrensessel landet
Gibt jede Hoffnung – gibt sich selber auf.

Ein Hauch Magie soll auch in Zukunft winken,
dann werden immer Freunde um Dich sein.
Lass sie aus Deinem gold'nen Becher trinken,
und magisch wandelt Wasser sich zu Wein.

Goldene Hochzeit

Ihr habt erreicht, was Wenige vollbringen,
und Euren Schwur getreulich eingehalten.
Ein Bund fürs Leben kann durchaus gelingen,
wenn Mitgefühl und Liebe sich entfalten.

Ihr habt für Euch den rechten Weg gefunden.
Er war nicht frei von mancherlei Gefahren.
Doch es gelang Euch, liebevoll verbunden,
ein warmes Licht im Herzen zu bewahren.

In späten Jahren Hand in Hand zu gehen,
voll Dankbarkeit in treue Augen schauen,
dem Partner aufmerksam zur Seite stehen
strahlt Würde aus, schenkt Freude, schafft Vertrauen.

So schreitet weiter, wissend um den Segen,
der auf Euch ruht, Euch weiterhin begleitet,
der Euch beschützt auf allen Euren Wegen.
Und fühlt von guten Mächten Euch geleitet.

Firmenjubiläum

In jungen Jahren sind wir uns begegnet.
Das deutsche Land war immer noch geteilt.
Von Amis und den Russen abgesegnet
begann die Zeit, die alte Wunden heilt.

Nicht alle Wunden, denn recht bald erschienen
Raubritter aus der westlichen Region,
die dem Profit und der Rendite dienen.
Das Kapital bestimmte nun den Ton.

Der Handel blüht, was einst dem Volk gehörte
wird zum Konzern, liegt in privater Hand.
Es gab nicht viele, die der Wechsel störte.
Ein Hauch von Hoffnung überzog das Land.

Man durfte plötzlich freie Rede führen,
zum Schwarzwald reisen, an den Tegernsee,
und unter sich die Lederpolster spüren
von Opel, Ford, Mercedes und VW.

Mein lieber Freund, Du hast es schnell erfahren:
Die Wirklichkeit holt alle Träume ein.
Zu dieser Zeit, vor fünfundzwanzig Jahren,
da durfte ich Dein Wegbereiter sein.

Gemeinsam wollten wir den Eingang finden,
das Tor zu einem spannenden Gebiet,
zur Welt der Sehbehinderten und Blinden
wo man zwar vieles hört, doch wenig sieht.

Wohl konnte ich den ersten Anstoß geben
zu neuem Glück in einem neuen Spiel.
Allein durch Fleiß und stetes Vorwärtsstreben,
aus eigener Kraft gelangtest Du zum Ziel.

Das Schiff im richtigen Moment zu wenden
erfordert Mut, es war die rechte Zeit.
Dein Werk, es liegt in guten, sicheren Händen.
Der Kronprinz steht voll Tatendrang bereit.

Befreit nun von beruflicher Verpflichtung,
jenseits von Arbeit, Streben nach Gewinn,
verändern die Gedanken ihre Richtung.
Wo stehe ich? Wo geht die Reise hin?

Wer bin ich? Was wird mir die Zukunft bringen?
Selbst Götter wissen das nicht ganz genau.
So manches wird vielleicht sogar gelingen,
bestimmt mit Hilfe Deiner lieben Frau.

Wer dich begleitet durch das neue Leben
sitzt in dem Kreis, der heute Dich umgibt.
Und alle wollen Dir Gewissheit geben:
Du wirst geschätzt, bewundert und geliebt.

Lieder

Du bist hier

Du bist ein Teil vom Ganzen,
und alles ist in dir,
in Wasser, Luft, in Pflanzen,
im Fels, in jedem Tier.

Es ist hier,
längst schon hier.
Gib es nie wieder her.
Niemals mehr.

Ein Lied aus Meeresrauschen.
Bleib stehen, halte still,
und fange an, zu lauschen,
was es dir sagen will.

Ich bin hier,
längst in dir.
Gib mich nie wieder her.
Niemals mehr.

Du wirst von mir geleitet,
solange es dich gibt,
auf deinem Weg begleitet
und jederzeit geliebt.

Du bist hier,
bist bei dir.
Gib dich nie wieder her.
Niemals mehr.

Osho

Ich sah Dein Bild, und war sofort gefangen
von diesem Blick, und fühlte mich erkannt.
Zeig mir den Weg, ich will zu Dir gelangen.
Zeig mir den Weg, nimm mich in Deine Hand.

Wach auf, wach auf,
komm, komm zu mir.
Übergib den Verstand deinem Herzen.
Vertraue der Stimme in dir.

Du singst mit mir die Melodie der Sterne.
So klingt das Meer, so tönt das Sonnenlicht.
Noch liegt mein Ziel in unbekannter Ferne.
Ein Blick, ein Lied – die alte Welt zerbricht.

Wach auf, wach auf, ….

Du sprichst zu mir, und deine Worte dringen
tief in mein Herz, in meine Seele ein,
und bringen eine Saite dort zum Klingen.
Du bist bei mir, und wirst es immer sein.

Wach auf, wach auf, …..

.

Feuer, Wasser, Luft und Erde

Ich habe das Leuchten gesehen,
den Lichtstrahl am Rande der Nacht,
die Flamme am östlichen Himmel.
Da ist meine Sehnsucht erwacht.

    Herz voller Liebe,
    ewiges Licht.
    Strahlender Stern.
    Ich vergesse dich nicht

Ich habe die Quelle gefunden,
den Bach und den Fluss und das Meer.
Der Brunnen wird niemals versiegen,
und nie zeigt mein Becher sich leer.

    Brunnen der Freude,
    kostbarer Trank.
    Sprudelnder Quell.
    Dir allein gilt mein Dank.

Ich bin zu den Wolken geflogen
und hab' deinen Atem gespürt.
Er trug mich in schwindelnde Höhen
und hat meine Seele berührt.

Schwerelos schweben,
tanzen im Wind.
Höre mein Lied,
denn die Reise beginnt

Ich bin deine Straße gegangen,
den langen, gewundenen Pfad.
Erst hast du den Boden bereitet,
nun reift deine kostbare Saat

Goldene Ernte,
blühendes Feld.
Offene Hand,
die mich liebevoll hält

Oshos Lied

Für Dich, Osho, soll dieses Lied erklingen.
Wo Du auch bist, es ist für Dich allein.
Wir werden es aus vollem Herzen singen,
und wieder ganz in Deiner Nähe sein.

Du lehrtest uns Klarheit,
Du führtest zur Wahrheit.
Nun liegt es in unseren Händen,
Dein kostbares Werk zu vollenden

Zwar hast Du Deinen Körper einst verlassen,
doch Deine Liebe blieb und dehnt sich aus.
Du lebst in uns, Dein Bild wird nie
verblassen.
Du führst uns weiter auf dem Weg nach
Haus.

Du lehrtest uns Klarheit,
Du führtest zur Wahrheit.
Wir haben die Botschaft erhalten
und werden die Flügel entfalten

Und wenn wir uns mit Deiner Kraft
verbinden,
dann fühlen wir, nun ist es an der Zeit,
dass wir die Antwort in uns selber finden.
In Deinem Licht, und voller Dankbarkeit.

Du lehrtest uns Klarheit,
Du führtest zur Wahrheit.
Wir haben, mit Dir eng verbunden,
die Straße des Herzens gefunden.

Mein Dank gilt allen Menschen, die mir
begegnet sind.

Sie alle hatten ihren Platz in meinem Leben -
und ich in dem ihren.

© 2020
Herstellung und Verlag:
BoD – Books on Demand, Norderstedt
ISBN: 978-3-7519-0871-9